mamá

anne

papi

baba

niño

oğlan

niña

kız

1

uno

bir

2

dos

iki

3

tres

üç

4

cuatro

dört

5

cinco

beş

6

seis

altı

7

siete

yedi

8

ocho

sekiz

9

nueve

dokuz

10

diez

on

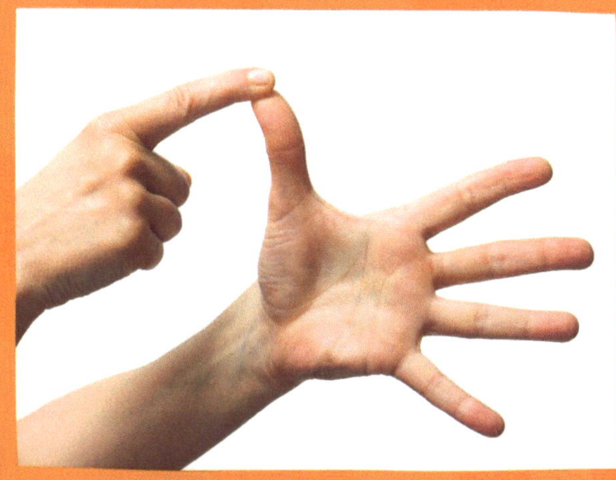

contar

saymak

escribir

yazmak

dibujar

çizmek

pintar

boyamak

círculo

daire

cuadrado

kare

rectángulo

dikdörtgen

triángulo

üçgen

estrella

yıldız

negro

siyah

blanco

beyaz

marrón

kahverengi

rojo

kırmızı

azul

mavi

amarillo

sarı

verde

yeşil

morado

mor

gris

gri

naranja

turuncu

rosa

pembe

manzana

elma

plátano

muz

piña

ananas

sandía

karpuz

pera

armut

uvas

üzüm

mango

mango

melocotón

şeftali

fresa

çilek

cereza

kiraz

naranja

portakal

coco

hindistan cevizi

limón

limon

seta

mantar

maíz

mısır

tomate

domates

calabaza

bal kabağı

pepino

salatalık

zanahoria

havuç

patata

patates

calabacín

kabak

espinacas

ıspanak

coliflor

karnabahar

huevo

yumurta

plato

tabak

cuchara

kaşık

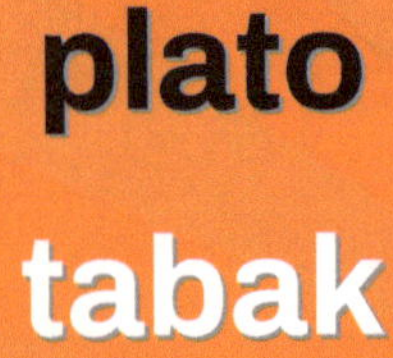

cuchillo

bıçak

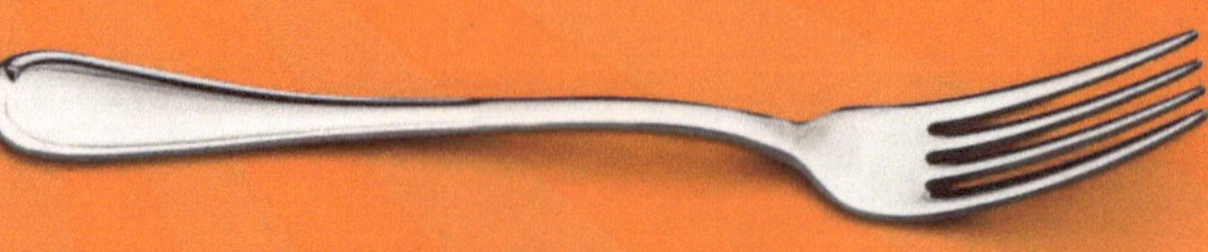

tenedor

çatal

pastel
pasta

biberón
biberon

caramelos
şekerler

queso
peynir

beber

içmek

comer

yemek

caliente

sıcak

frío

soğuk

pequeño

küçük

grande

büyük

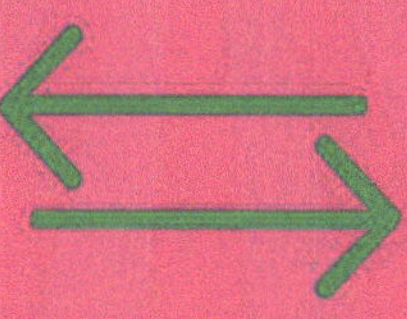

corto

kısa

largo

uzun

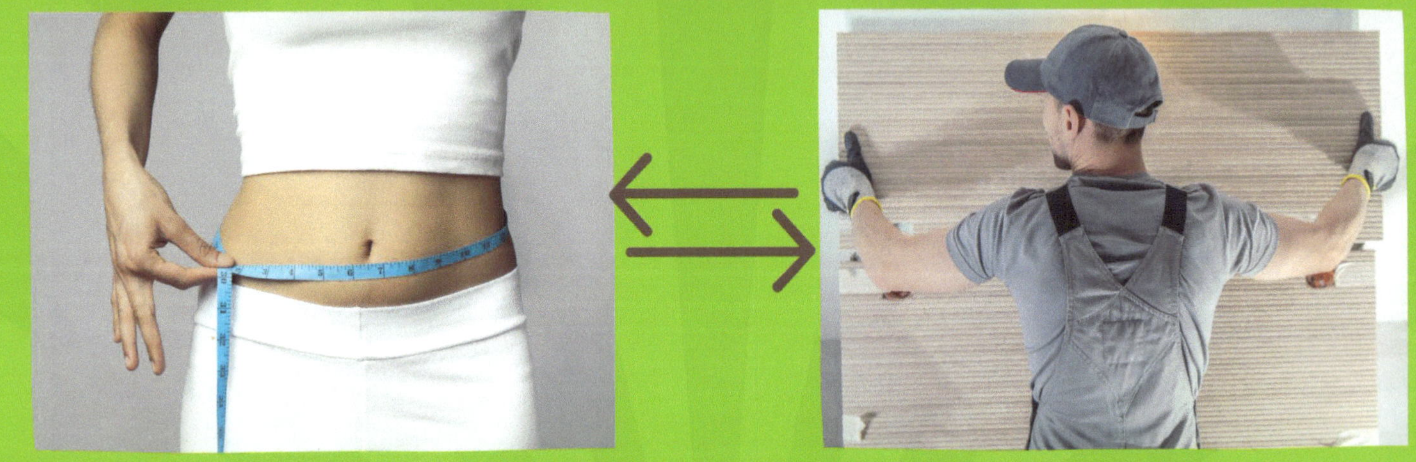

delgado

ince

grande

geniş

fácil

kolay

difícil

zor

levantarse

ayağa kalkmak

sentarse

oturmak

dulce

tatlı

salado

tuzlu

pesado

ağır

ligero

hafif

en

içinde

fuera

dışında

sucio

kirli

limpio

temiz

cerrado

kapalı

abierto

açık

lápices

kalemler

reloj

saat

llave

anahtar

libro

kitap

cama

yatak

cuna

beşik

mesa

masa

silla

sandalye

coche

araba

bicicleta

bisiklet

avión

uçak

barco

tekne

tren

tren

helicóptero

helikopter

camión de bomberos

itfaiye arabası

bombero

itfaiyeci

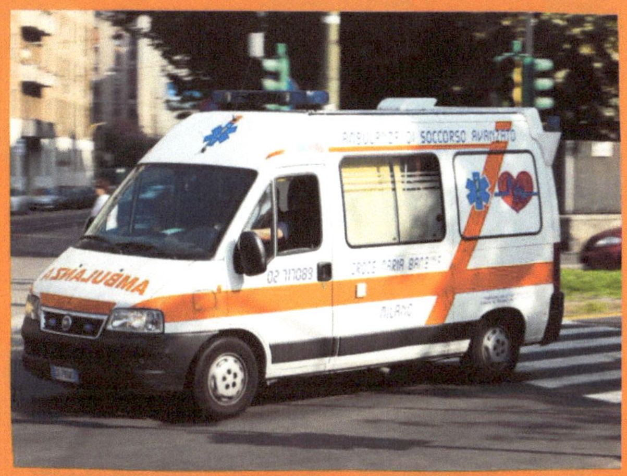

ambulancia

ambulans

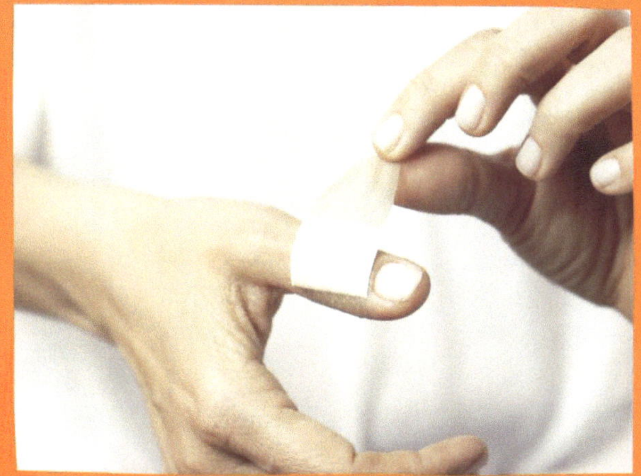

vendaje

sargı

paramédico

sağlık görevlileri

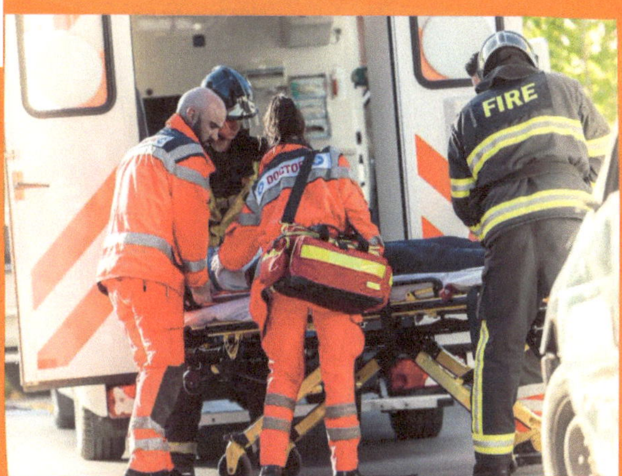

equipo de rescate

kurtarma ekibi

bosque

orman

montaña

dağ

hierba

çimen

arena

kum

árbol

ağaç

flor

çiçek

mariposa

kelebek

hormiga

karınca

gato

kedi

perro

köpek

caballo

at

ratón

fare

vaca

inek

cerdo

domuz

oveja

koyun

pato

ördek

ganso

kaz

conejo

tavşan

pez

balık

veterinario

veteriner

doctor

doktor

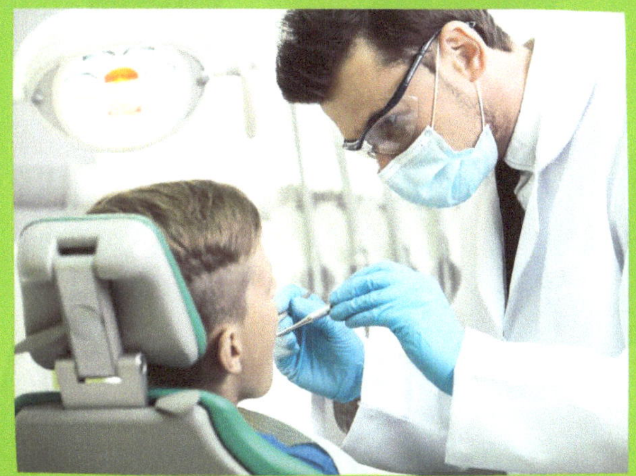

dentista

diş hekimi

farmacéutico

eczacı

enfermera

hemşire

cabeza

kafa

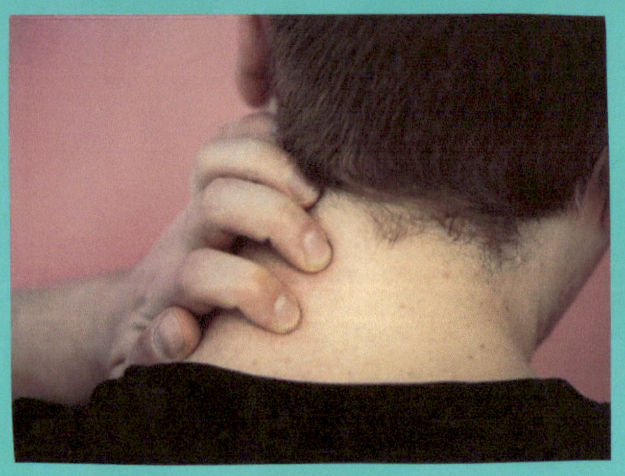

cuello

boyun

pie

ayak

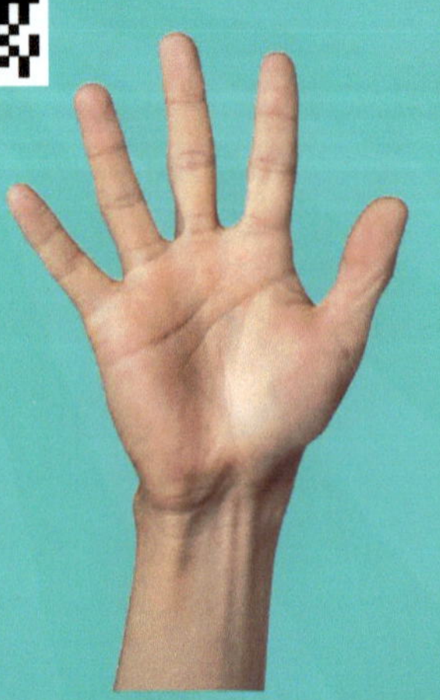

mano

el

dientes

dişler

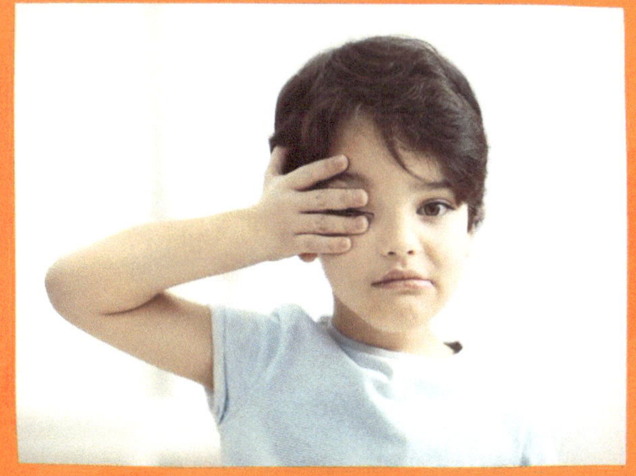

ojo

göz

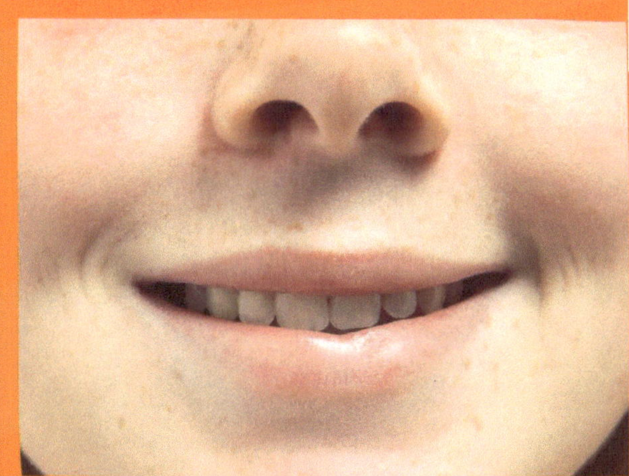

boca

ağız

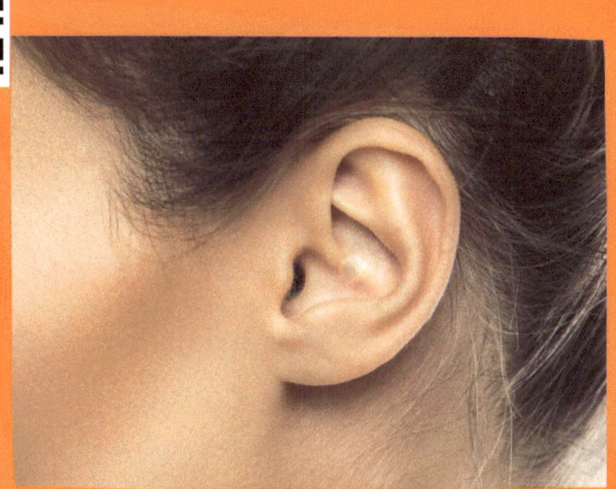

oreja

kulak

sombrero

şapka

vestido

elbise

pantalones

pantolon

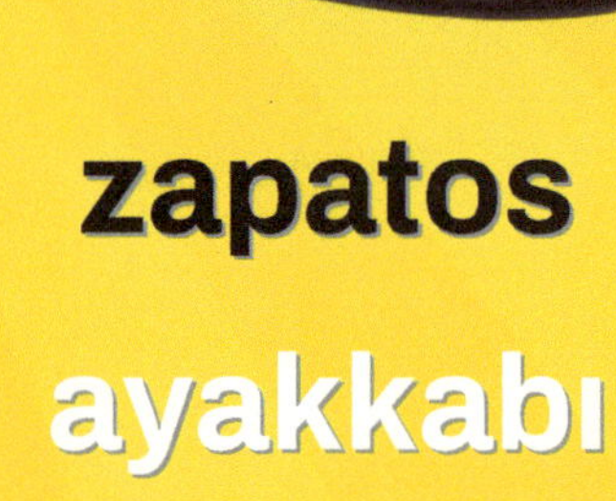

zapatos

ayakkabı

abrigo

palto

bufanda

atkı

paraguas

şemsiye

gafas

gözlük

sol

güneş

nublado

bulutlu

lluvioso

yağmurlu

luna

ay